MW00678945

Selección y revisión: Natalie Vela
Traducción: Jorge Solá y José Florencio Domínguez
Ilustraciones: Agnès Lemaire
Color: Doug Calder

Título original: *Jesus and me*
ISBN de la edición original: 3-03730-161-9
ISBN de la versión en castellano: 3-03730-163-5

Segunda edición

Jesús y yo

Índice

Introducción

¡Hola!

Me llamo Jesús. ¡Te quiero muchísimo, tanto que bajé a la Tierra y di la vida por ti! Desde que me pediste que entrara en tu corazón y viviera en ti, siempre estoy contigo. Nunca te dejaré, ¡y un día te llevaré conmigo a un lugar muy lindo que es el Cielo!

2

En este libro encontrarás mensajes de amor dirigidos a ti. Son pequeñas conversaciones entre tú y Yo, cantidad de cositas que quiero decirte. Mientras los lees, si prestas atención, hasta podrás oír otras palabras que te susurraré al oído. ¡Pásalo bien! Te quiero mucho.

Jesús

Introduccíon

4

Cuando me necesites, estaré a tu lado

¡Es tan emocionante hacer algo nuevo! Muchas cosas al principio dan un poco de miedo, como montar en triciclo, bajar por un tobogán grande, subirse a un columpio, viajar en avión o aprender a nadar. Si te asustas un poco, cierra los ojos por un momento y pídeme que esté a tu lado. ¿Sabes una cosa? Estaré pegado a ti y te tomaré la mano, o te sentaré sobre Mis piernas. Siempre estoy listo para ayudarte, ¡porque te amo!

6

Sé servicial

¡Puedes hacer cantidad de cosas para ayudar y manifestar Mi amor! Por ejemplo, ofrecerte a ayudar lavando los platos, o guardar tus juguetes y tus libros después de jugar. Puedes esforzarte por no ensuciar la mesa al comer y por terminar la comida que tienes en el plato. También puedes obedecer enseguida. Cuando te pidan un favor, di: «Con mucho gusto, mamá», o: «Claro, papá».

De todas esas maneras manifiestas Mi amor. Y cuando te hagas mayor, serás una persona amorosa, tal como quiero que seas.

8

¡Tu Amigo desde el primer momento del dia!

Cuando te despiertas por la mañana, quédate quieto unos minutos. Escucha, y me oirás hablarte. Paso toda la noche contigo, y nada más te despiertas, me gusta decirte unas palabras, porque te tengo un cariño especial. Tú también puedes hablarme. Cuéntame lo que quieras, que te prestaré muchísima atención.

10

Puedes pedirme que te dé un buen día.
También que te ayude a ser amable
y cariñoso con tus amigos. O que te
ayude a ser servicial. Puedes pedirme
que te guarde de accidentes y que te
ayude a ser prudente para no hacerte
daño cuando estés jugando. Después
que me hayas pedido estas cosas, tú
haz lo que puedas, ¡y Yo haré lo demás!
¡Siempre oigo tus oraciones, y siempre
respondo! ¡Te lo prometo!

**¡Tu Amigo desde el primer
momento del dia!**

12

Luego puedes escucharme. Te diré lo mucho que te amo. Si pasas bastante rato escuchando, hasta puedo contarte historias divertidas. Puedo darte ideas de cosas lindas que luego les puedes decir a tus papás o a tu maestra. Si tienes una pregunta, házmela, y te contestaré. Desde el primer momento del día, quiero ser tu amigo y pasarlo bien contigo. Me encanta que me hables nada más despertarte.

14

Promesas para cuando te acuestes

Cuando te acuestes en la cama,

haz una pequeña oración.

Yo, que siempre estoy a tu lado,

la espero con ilusión.

Cuando cierres los ojitos

y el sueño de a poco te invada,

Yo te tomaré en Mis brazos.

Es Mi promesa sagrada.

16

Si quieres disfrutar

de una sorpresa en sueños,

esta noche los dos juntos

hasta el cielo volaremos.

En el espíritu visitarás

mil estrellas y planetas.

Nos montaremos en el viento.

Mejor así que en camioneta.

Promesas para cuando te acuestes

Con tu Papá grande

¿Te sientes triste cuando papá o mamá tienen que irse un rato y otra persona cuida de ti y te acuesta? Sé que a veces es difícil y que echas mucho de menos a tus padres. De todos modos, gracias por ser valiente. ¿Sabes una cosa? Aunque papá o mamá tengan que irse por unas horas, ¡Yo nunca me aparto de ti!

Dedicado a Mis pajaritos

Pajarito Mío, me encanta verte a salvo. Te pongo en tu nidito y te doy todo el alpiste que necesitas para crecer: Mis Palabras que te fortalecen. Tus papás y tus hermanos también pertenecen a la pequeña familia de pajaritos, ¡y Yo velo por todos ustedes!

Me encanta mirar desde el Cielo y ver a los pajaritos en su nido, jugando alegremente entre sí. Sonrío de oreja a oreja cuando veo que se cuidan y animan unos a otros y se manifiestan amor.

Dedicado a Mis pajaritos

Rayitos de amor

Eres Mi rayito de sol. Cada vez que
sonríes, despides un rayito de parte Mía.
Cada vez que das un abrazo cariñoso o
un besito, transmites Mi amor. Siempre
que dices: «Buenos días», «Te quiero»,
o: «Muchas gracias», comunicas Mi
amor a los que te rodean. ¡Sigue, pues,
resplandeciendo con Mi amor! ¡Sé Mi
rayito de sol!

26

¿Sabías que me encanta devolverte los rayitos de amor que despides? ¡Es verdad! Haz la prueba alguna vez. Sonríe a alguien, y verás cómo te devuelve la sonrisa. Si dices palabras amables y cariñosas, verás que los demás te contestan de la misma manera. Si das amor, te tratarán con amor.

¡Qué buenos amigos somos!

Tú y yo somos grandes amigos. Cuando veo que vienes a pasar un rato conmigo, te presto toda Mi atención. Te tengo un cariño especial. Me encanta que te sientes a Mi lado y me cuentes todos tus secretos, tus pensamientos, tus sueños, todo lo que tenga que ver contigo. Me encanta escucharte, y también hablarte. ¡No podríamos ser más amigos!

Haz felices a los demás

Pajarito Mío, gracias por manifestar amor a los que te rodean. Gracias por ser amable y pensar en los demás. Cuanto más pienses en ellos y procures hacerlos felices, más feliz me harás. ¡Y más feliz te haré Yo a ti!

Cuando tengas miedo, dame la mano

¡Los rayos son deslumbrantes! ¡Los truenos, ensordecedores! ¡No te preocupes si te dan un poco de miedo! Todo el mundo se asusta a veces. Pero cuando pase eso, recuerda que estoy junto a ti. Siempre estoy bastante cerquita y te oigo cuando me llamas. Si sientes un poco de miedo, pide a tus papás o a alguien que esté por ahí que oren contigo. Y si no hay nadie, no tienes más que darme la mano. Puedes tener la seguridad de que siempre estoy contigo. Te haré compañía en todas las tormentas.

34

Construye una torre de amor

Me gusta estar contigo y mirarte
cuando juegas con tus amigos y te
llevas bien con ellos. Me haces muy
feliz cuando los dejas jugar con tus
juguetes. También cuando eres amable
y tienes gestos cariñosos. Es como
si construyeras una torre enorme de
cubos. Cada vez que haces algo lindo
por una persona, te doy un cubo más
para que lo añadas a la torre.

36

Hay muchas mane ras de hacer felices a tus amigos. Una es prestarles tus juguetes preferidos. O a la hora de merendar, dejar para otro la galleta más grande. Puedes abrazarlos y orar por ellos cuando se hacen daño. Cada vez que los tratas con amor y consideración, es como si añadieras un cubo a tu torre.

Construye una torre de amor

Tengo un montón de cubos: rojos, verdes, azules, amarillos y de muchos colores más, igual que cada día hay cantidad de cosas lindas que puedes hacer por los demás. Cuando eres amable con ellos, cuando les das o les dejas lo que tienes, cuando los haces felices, Yo te hago feliz a ti. Cada vez que añades un cubo a la torre, ésta se vuelve mayor, más alta. Cuando manifiestas amor, Yo te bendigo. ¡Te hago feliz y ayudo a los demás a tratarte de la misma manera!

Construye una torre de amor

¡No te rindas!

¿Estás aprendiendo algo que no te resulta nada fácil? Quizás estás aprendiendo a vestirte sin ayuda, o a ponerte los zapatos, o a montar en triciclo. ¡Pues no te rindas!

No te pongas triste si al principio te cuesta. A veces no hay otra forma de aprender a hacer algo que intentarlo hasta que te sale.

¿Sabías que a un potro recién nacido le cuesta mucho ponerse de pie y caminar? Tiene que intentarlo muchas veces.

Cuando un potrillo que está aprendiendo a caminar se pone de pie, se cae, porque no tiene las patas muy fuertes. De todos modos, no se da por vencido; sigue intentándolo una y otra vez. Se cae muchas veces, pero al final consigue sostenerse sobre sus patitas. Aunque al principio le tiemblen un poco las patas, al cabo de unos días ya puede caminar, ¡y hasta correr!

44

¡No te rindas!

Cuando te equivoques, o cuando estés tratando de aprender algo difícil, no te rindas. Si sigues intentándolo con ganas, al final lo conseguirás. Igual que el potrillo logra sostenerse en pie y caminar porque no se da por vencido, también a ti te saldrá. Pídeme que te ayude, y esfuérzate hasta que lo consigas.

¡No te rindas!

Un ángel personal

¿No te encuentras bien? ¿Tienes una enfermedad que te obliga a guardar cama? Lo siento. De todas maneras, ¿sabías que cuando no te sientes bien Yo envío un ángel a tu cama para que te cuide? El tuyo está aquí ahora mismo, junto a tu almohada, o suspendido en el aire encima de ti, o sentado a tu lado, o de pie al borde de la cama. Está aquí para que te mejores pronto. A todos los niños enfermos que oran se les envía un ángel de curación. Te quiero, y voy a cuidarte bien.

¡Mira antes de saltar!

¿Te hiciste daño? Lo siento mucho. Acércate, y te tomaré en brazos, te besaré la herida y haré que se te pase el dolor. ¿Papá o mamá oraron por ti? Si lo hicieron, ya he comenzado a curarte y a sanar el raspón. Tú también puedes orar. ¡Siempre oigo tus oraciones!

Los chichones y arañazos te recuerdan que tienes que ir más despacio y ser más prudente. Antes de saltar desde lo alto de una piedra o por encima de algo, mira bien y ora. Es importante mirar antes de saltar. Si se te traba en algo la ropa o un zapato, ¡puedes caerte! Por eso es bueno que aprendas a ir despacio y tener cuidado. De todos modos, te curaré rápido. Por favor, ¡no te olvides de orar!

Aprecia lo que tienes

¿Alguna vez has deseado algo que tenía otra persona? Quizás a un amigo tuyo le regalaron un juguete o ropa nueva, y te pusiste triste porque tú no tenías algo así. ¿Te ha pasado eso?

Cuando te suceda, ponte a pensar unos minutos en las muchas cosas buenas que tienes. Verás que a ti también te bendigo de muchas maneras.

54

Te tengo un cariño especial

A lo mejor a alguien le regalan un juguete, pero a ti te bendigo de otra forma, por ejemplo dejando que pases más tiempo con tus papás, o que vayas de excursión, o que hagas algo diferente. Si un amigo tuyo tiene oportunidad de hacer algo divertido hoy, piensa que otro día te tocará a ti. A los dos los quiero mucho.

56

Jugar

¿Verdad que te gusta mucho jugar? A Mí también cuando era niño. Corría con Mis amigos y participaba en juegos lo mismo que tú. A veces nos caíamos o lastimábamos, igual que tú.

¿Alguna vez, mientras jugabas, te pareció que algo no era justo, y te enojaste? Cuando hay discusiones y algunos no están contentos, no es tan divertido jugar. ¿Qué puedes hacer en un caso así?

58

Mira, la mejor manera de ganar es ser amable y amoroso. Aunque pierdas en el juego, si trataste con amor a tus compañeros, ¡para Mí habrás ganado! Recuerda que me gusta que juegues portándote bien con los demás y dejando que se diviertan igual que tú.

A Mí también me gusta pasarlo bien, y aunque no me veas, estoy ahí contigo cuando juegas. Hazte cuenta de que juego contigo y piensa en cómo me tratarías. Trata de esa forma a tus compañeros, y así siempre ganarás.

Eres importante

Soy el Buen Pastor; y tú, Mi ovejita. ¡Eres un corderito encantador! Cada vez que me llama una de Mis ovejitas, Yo la oigo y voy corriendo a ver qué necesita.

Me puedes llamar en todo momento. Ten la seguridad de que iré enseguida a verte. Nunca estoy muy ocupado para atenderte. Cuando te oigo llamarme, ¡lo más importante para Mí es ir a ver qué quieres! ¿Lo sabías? ¡Eres muy importante!

62

¿Te sientes muy pequeño? ¿Te parece que eres una personita que no vale mucho? ¡Recuerda que Yo aprovecho cosas chiquitas para hacer cosas grandes!

Las abejitas, por ejemplo, recogen el polen de las flores y hacen con él la miel que tanto te gusta.

Con las gotitas de lluvia riego la tierra y las flores, y dejo los ríos bien llenos para los peces.

De semillas chiquititas hago salir árboles enormes.

Y con personitas como tú doy mucho amor y ánimo a los demás.

64

Eres importante

Cuando te pido que des un abrazo y un besito a una persona, no vayas a pensar que es poca cosa. ¡Porque ese abrazo y ese besito pueden animarla mucho! También ayudas un montón cuando haces trabajitos como limpiar la mesa o llevar los platos a la cocina.

Con tus sonrisas, tus manos y tus ojitos puedes dar ejemplo de Mi amor y demostrar a los demás cuánto los quiero. Como ves, tesorito, ¡eres muy importante para Mí!

Eres importante

Luces en el cielo

¡Qué día tan lindo hace! ¿Sabías que creé ese cielo tan luminoso pensando en ti? Quería que pudieras salir a correr y jugar, y que disfrutaras de Mi maravillosa creación. Por eso puse el Sol bien alto en el cielo. Lo hago brillar sobre ti para darte luz y para que veas adónde vas cuando es de día. ¡Y también para que no tengas frío!

También he puesto en el cielo la Luna y montones de estrellas para que centelleen, te alumbren y velen por ti mientras duermes por la noche. La Luna y las estrellas están para recordarte que te amo y que, aunque esté oscuro, todavía puede verse Mi luz.

Si cierras los ojos y te duermes, haré que la noche pase volando. Cuando los abras, el Sol se estará asomando por el horizonte, listo para darte otro alegre día.

 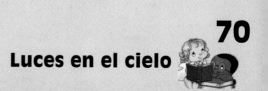

Que sueñes con los angelitos

Es muy importante descansar y dormir bien de noche, porque mientras duermes te pones fuerte. ¿Sabías que es entonces cuando creces?

Te doy sueños para que te diviertas. Antes de dormir, no te olvides de pedirme que te dé una buena noche y lindos sueños. Te prometo que lo haré.

72

¿Sabías que mientras duermes por la noche aprovecho para hablarte, y que me gusta mostrarte cosas en sueños? La mayoría de las veces, cuando te despiertes no recordarás lo que te dije. De todos modos, no te olvides de pensar en Mí cuando te vayas a la cama, y Yo te susurraré palabras al corazón.

Que sueñes con los angelitos

¡Buenas noches!

¡Te quiero mucho, tesorito! Qué agradable es tener una cómoda cama y una almohada bien blanda, y que tus papás te lean o cuenten historias antes de dormir y te den un besito de buenas noches, ¿verdad? Todas esas cosas son regalitos que te hago porque te amo. Y hay otros regalitos que te hago cuando te vas a dormir, unos regalitos secretos. ¿Te gustaría saber cuáles son?

Cuando oras para dormir bien y tener lindos sueños, tu ángel particular se lleva la mano al bolsillo, saca unos frasquitos llenos de bendiciones que brillan como chispitas y las derrama sobre tu cabeza.

¡Buenas noches!

78

Cuando rezas por tus padres y por tus hermanos, tu ángel particular derrama también sobre ellos esas chispitas. Si le pides que te guarde durante la noche, abre otro frasquito y derrama un chorro de paz sobre ti. No lo ves, pero si cierras los ojos, ¡seguro que lo sientes!

Todas esas cosas son regalitos secretos que te hago de noche porque te quiero mucho. ¡Que duermas bien!

¡Buenas noches!

80

APACIENTA MIS CORDEROS

Apacienta Mis corderos es
una colección de seis libritos
profusamente ilustrados que
presentan un total de 90 versículos
de la Biblia sobre aspectos
fundamentales de la vida cristiana.
El texto se ha simplificado con
vistas a que los pequeños no
tengan dificultad para entenderlo
y aprendérselo. Cada versículo
va acompañado de una atractiva
ilustración que ayuda al niño a
relacionar el sentido del mismo con
situaciones de su vida cotidiana.

De ese modo, los pequeños
aprenden importantes verdades
cristianas y adquieren un bagaje de
principios éticos para toda la vida.
¡Vale la pena probarlo!

Apacienta Mis corderos también
sirve como curso de memorización
de las Escrituras. Así, esa tarea en
ocasiones pesada se vuelve fácil y
amena.

Se incluye una guía para padres y
maestros, que contiene instrucciones
y consejos para sacar el máximo
provecho de los libritos.

Versículos de la Biblia simplificados, para niños

Curso de memorización

➡ 90 versículos ilustrados, repartidos en **6 libritos**.

➡ Con una **guía** aparte llena de consejos para padres y
maestros.

➡ Incluye una **lista de control**, diez **señaladores**, dos
diplomas y **autoadhesivos** para cada página.

➡ ¡Todo ello en una cajita de vivos colores!

format: 15 x 15 cm (6" x 6")
isbn: 3–03730–018–3

LÁMINAS Y LEMAS

Cuarenta afiches de vivos colores para chiquitines y preescolares

➡ De gran valor didáctico. Con frases para memorizar. ¡Estupendos en manos de padres, maestros, catequistas, en guarderías, etc.!

➡ Para su mejor conservación vienen en un colorido estuche de material bien resistente.

➡ También existe un cuaderno con las mismas láminas para colorear.

¡Para inculcar valores y buenos modales en plan divertido y sin muchas exigencias!

Estas láminas de vibrantes colores tienen un gran efecto formativo. El niño se fija en los dibujos y, asistido por un adulto, va interiorizando los sencillos lemas que se le enseñan. Estos pueden servir para corregir y modelar su conducta. En la parte posterior de la caja se presentan diez ideas para emplear las láminas en combinación con diversas actividades, relatos y canciones. El texto y los dibujos transmiten sanos principios y proporcionan una buena base cristiana.

Gracias, Jesús, por todo

Sé amable

Para solicitar estos y muchos otros productos sensacionales para tus hijos, comunícate con cualquier distribuidor de Aurora o visítanos en
http://es.auroraproduction.com.

format: A4 (8½" x 12")
isbn: 3–905332–23–X